스스로
급수
한자

어휘력 잡고 자격증 따고

8급 · 익힘책

스쿨존에듀
SCHOOLZONE

스스로 급수한자 익힘책 8급

ISBN 979-11-978668-6-9 63700

초판 1쇄 펴낸날 2022년 11월 10일

펴낸이 정혜옥 ‖ 기획 컨텐츠연구소 수
표지디자인 **twoesdesign.com** ‖ 내지디자인 이지숙
마케팅 최문섭 ‖ 편집 연유나, 이은정

펴낸곳 스쿨존에듀
출판등록 2021년 3월 4일 제 2021-000013호
주소 04779 서울시 성동구 뚝섬로 1나길 5(헤이그라운드) 7층
전화 02)929-8153 ‖ 팩스 02)929~8164
E-mail **goodinfobooks@naver.com**

한자공부, 왜 필요할까요?

우리말에서 한자어가 차지하는 비중, 70%. 나머지는 순우리말과 외래어로 되어 있지요. 생각보다 많다고 느낄 거예요. 우리말에 녹아 있는 한자어를 쉽고 정확하게 이해하려면 한자공부는 불가피해요. 우리말을 더욱 올바르고 풍성하게 사용하기 위한 한자공부. 〈스스로 급수한자〉로 어렵지 않게 시작할 수 있어요.

☑ 한자능력검정시험의 급수에 맞추어 한자를 학습하게끔 구성되어 있어요.

☑ 한자 하나하나 알아가고 공부하는 익힘책

　　실제 시험 출제 유형과 같은 형태의 한자능력검정시험으로 꽉 채운 문제집

　　한자의 3요소(모양, 소리, 뜻)를 다양한 한자어와 함께 쓰면서 다지는 따라쓰기 책

　　총 3권으로 한 급수씩 완성할 수 있어요.

☑ 유치원생부터 시작할 수 있게 어린이들의 눈높이에 맞춘 예문

☑ 한자와 관련된 다양한 어휘의 반복 노출로 확실한 학습

☑ 한자의 기본인 부수를 익히고, 바르게 쓸 수 있도록 필순 제시

☑ 군더더기 없이, 지루하지 않게, 쓰기는 확실하게

'스스로 급수한자'로 단계적 학습과 어휘력, 자격증이라는 세 마리 토끼를 잡을 수 있답니다. 어휘력 만렙을 향한 우리 아이들의 도전을 응원합니다!

한자능력검정시험은?

사단법인 한국어문회에서 주관하고 한국한자능력검정회가 시행하는 한자활용능력시험을 말해요. 1992년 12월 9일 1회 시험을 시작으로 2001년 1월 1일 이후 국가 공인자격시험(3급Ⅱ~특급)으로 치러지고 있어요.

시험에 합격하면 학교 내신에 반영된답니다. 2000학년부터는 3급과 2급 합격자를 대상으로 일부 대학에서 특기자 전형 신입생을 선발하고 있어요.

시험 응시와 관련한 자세한 사항은 한국어문회 홈페이지(www.hanja.re.kr)를 참조하세요.

차례

一　二　　　　09

三　四　　　　11

五　六　　　　13

七　八　　　　15

九　十　　　　17

1주차 복습하기　19

萬　年　　　　21

日　月　　　　23

火　水　　　　25

木　金　　　　27

土　山　　　　29

2주차 복습하기　31

父　母　　　　33

兄　第　　　　35

女　人　　　　37

寸　長　　　　39

大　小　　　　41

3주차 복습하기　43

東　西　　　　45

南　北　　　　47

中　外　　　　49

靑　白　　　　51

先　生　　　　53

4주차 복습하기　55

學　校　　　　57

門　民　　　　59

敎　室　　　　61

韓　國　　　　63

軍　王　　　　65

5주차 복습하기　67

반대어 따라쓰기　69

사자성어 따라쓰기　70

정답　　　　　72

한자의 구성

한자는 한 글자마다 모양(형), 소리(음), 뜻(의, 훈)을 갖추고 있어요.

부수가 뭐예요?

뜻으로 나누어진 한자 무리에서 뜻을 대표하는 글자를 부수라고 해요. 한자의 뜻은 부수와 관련이 있어서 이를 알면 한자를 쉽게 이해할 수 있답니다. 일반적으로 214개의 부수로 나누어 사용하고 있는데, 그 위치마다 여러 가지 이름으로 불려요.

①　변: 글자의 왼쪽에 있는 부수

木 나무 목 변 : 校, 林

②　방: 글자의 오른쪽에 있는 부수

阝(邑) 우부방(고을 읍 방) : 郡

③　머리: 글자의 위에 있는 부수

宀 갓머리(집 면) : 室, 安

4 **발** : 글자의 아래에 있는 부수

 儿 어진사람 인 발(사람 인) : 先, 兄, 光

5 **엄** : 글자의 위와 왼쪽을 싸고 있는 부수

广 엄호(집 엄) : 度, 序

6 **책받침** : 글자의 왼쪽과 밑을 싸고 있는 부수

辶 갖은책받침(쉬엄쉬엄 갈 착) : 道, 過

7 **몸** : 글자를 에워싸고 있는 부수

口 에운담(큰 입 구) : 或, 圖

8 **제부수** : 한 글자가 그대로 부수인 것

立, 車

한자는 이런 순서로 써요

그림처럼 보이는 한자, 어떻게 써야 할지 막막하죠? 한자를 쓰는 데도 규칙이 있어
요. 이를 필순이라고 해요. 한자를 쓰는 기본적인 순서는 다음과 같아요.

1 위 먼저 쓰고 아래는 나중에 써요

 예) 一 二 三 석 삼

2 왼쪽에서 오른쪽으로 써요

예) 丿 刂 川 　내 천

3 세로획을 먼저 써요

예) 丿 刀 月 月 　달 월

4 가운데 획을 먼저, 삐침을 나중에 써요

예) 亅 小 小 　작을 소

5 둘러싼 밖을 먼저, 안을 나중에 써요

예) 丨 冂 冂 四 四 　넷 사

6 꿰뚫는 획은 나중에 써요

예) 丨 冂 口 中 　가운데 중

예) 乚 乜 刁 毌 母 　어머니 모

7 좌우에 삐침이 있을 땐 왼쪽 삐침을 먼저 써요

예) 丿 八 ダ 父 　아버지 부

8 책받침은 맨 나중에 써요

예) 丶 丷 丷 丷 产 丿 首 首 首 渞 渞 道 　길 도

9 가로획과 세로획이 교차할 땐 가로획을 먼저 써요

예) 一 十 열십

10 오른쪽 위의 점은 마지막에 써요

예) 一 ナ 大 犬 개 견

11 위쪽에 있는 점을 먼저 써요

예) ′ ′ ⺅ 白 白 흰 백

12 바깥쪽에 있는 점을 먼저 써요

예) ヽ ヽヽ ⺌ 火 불 화

一

*부수 一

총1획　一

一					
한 일	한 일				

☐ 月 ☐ 日 은 설날이에요. (月 : 달 월 / 日 : 날 일)

내가 第 ☐ 좋아하는 과일은 포도예요. (第 : 차례 제)

二

*부수 二

총2획　一 二

二					
두 이	두 이				

내년이면 ☐ 學年 이 되어요. (學 : 배울 학 / 年 : 해 년)

선물이 ☐ 重 으로 포장되어 있어요. (重 : 무거울 중)

공부한 날짜 ＿＿＿月 ＿＿＿日

1 다음 글의 □ 안에 있는 한자의 음(읽는 소리)을 쓰세요.

1 형이 달리기 시합에서 一 등을 했어요.

2 가진 것의 一 부를 나누어 주었어요.

3 우리집 二 층에는 다락방이 있어요.

2 다음 밑줄 친 말에 해당하는 한자를 〈보기〉에서 찾아 그 번호를 쓰세요.

보기   ① 二   ② 四   ③ 九   ④ 一

1 나에게는 동생이 한 명 있어요.

2 젓가락 두 개가 한 쌍이에요.

3 다음 한자의 진하게 표시한 획은 몇 번째 쓰는지 〈보기〉에서 찾아 그 번호를 쓰세요.

二

보기   ① 첫 번째   ② 두 번째   ③ 세 번째

4 다시 한번 써 보세요.

三 *부수 一

총 3획 一 二 三

三	三				
석 삼	석 삼				

寸이 내일 우리 집에 오신대요. (寸 : 마디 촌)

학교가 끝나고 친구들이 □ □ 五五 집으로 흩어졌습니다.

(五 : 다섯 오)

四 *부수 囗

총 5획 丨 冂 冂 四 四

四	四				
넉 사	넉 사				

동서남북, □ 方을 둘러보며 길을 찾았어요 (方 : 모 방)

서울의 □ 大門은 동대문, 남대문, 서대문, 북대문입니다.

(大 : 큰 대 / 門 : 문 문)

공부한 날짜 ____ 月 ____ 日

1 다음 글의 □ 안에 있는 한자의 음(읽는 소리)을 쓰세요.

❶ 우리 가족은 다음 주에 三 일간 여행을 갑니다.

❷ 四 촌동생과 어제 눈썰매장에 갔습니다.

❸ 우리나라는 봄, 여름, 가을, 겨울 四 계절이 뚜렷해요.

2 다음 밑줄 친 말에 해당하는 한자를 〈보기〉에서 찾아 그 번호를 쓰세요.

> 보기　　　　① 二　　　② 四　　　③ 三　　　④ 七

❶ 동생은 아직 세발자전거를 탑니다.

❷ 축구를 하다가 네 번째 손가락을 다쳤어요.

3 다음 한자의 진하게 표시한 획은 몇 번째 쓰는지 〈보기〉에서 찾아 그 번호를 쓰세요.

四

> 보기　　① 두 번째　　② 세 번째　　③ 네 번째

4 다시 한번 써 보세요.

四		

四		

다섯 오

五 *부수 二

총4획 一 丁 五 五

五	五				
다섯 오	다섯 오				

☐ 感은 시각, 청각, 후각, 미각, 촉각을 이르는 다섯 가지 감각 기관을

말해요. (感 : 느낄 감)

비가 갠 후 ☐ 色 찬란한 무지개가 나타났습니다. (色 : 빛 색)

여섯 륙(육)

六 *부수 八

총4획 ` 亠 宀 六

六	六				
여섯 륙(육)	여섯 륙(육)				

새로 산 색연필은 ☐ 十 가지 색이에요. (十 : 열 십)

벌집은 ☐ 角 모양으로 생겼어요. (角 : 뿔 각)

1 다음 글의 □ 안에 있는 한자의 음(읽는 소리)을 쓰세요.

① 五 월 8일은 어버이날입니다.

② 언니가 六 학년이 되었어요.

③ 아빠의 창고에는 五 만 가지 물건이 있어요.

2 다음 밑줄 친 말에 해당하는 한자를 〈보기〉에서 찾아 그 번호를 쓰세요.

| 보기 | ① 六 | ② 四 | ③ 五 | ④ 先 |

① 우리 가족은 <u>다섯</u> 명입니다.

② 개미의 다리는 <u>여섯</u> 개예요.

3 다음 한자의 진하게 표시한 획은 몇 번째 쓰는지 〈보기〉에서 찾아 그 번호를 쓰세요.

五

| 보기 | ① 두 번째 | ② 세 번째 | ③ 네 번째 |

4 다시 한번 써 보세요.

五
다섯 오

六
여섯 육(륙)

우리 할아버지는 □ 十 세입니다. (十 : 열 십)

북쪽 하늘에 별 일곱 개가 국자 모양으로 반짝이는 게 北斗 □ 星이

에요. (北 : 북녘 북 / 斗 : 말 두 / 星 : 별 성)

우리나라는 □ 道로 나누어져 있어요. (道 : 길 도)

내 단짝친구는 공부, 노래, 운동, 못하는 게 없는 □ 方 미인이에요.

(方 : 모 방)

1 다음 글의 □ 안에 있는 한자의 음(읽는 소리)을 쓰세요.

❶ 견우와 직녀가 만나는 날을 七 석이라고 합니다.

❷ 이번 주말에 할머니의 八 순 잔치가 있어요.

❸ 일곱 번 넘어지고 여덟 번 일어나는 七 전 八 기

2 다음 밑줄 친 말에 해당하는 한자를 〈보기〉에서 찾아 그 번호를 쓰세요.

보기   ① 八   ② 六   ③ 五   ④ 七

❶ 문어 다리는 여덟 개에요.

❷ 무지개는 일곱 가지 색을 띠어요.

3 다음 한자의 진하게 표시한 획은 몇 번째 쓰는지 〈보기〉에서 찾아 그 번호를 쓰세요.

七   보기   ① 첫 번째   ② 두 번째   ③ 세 번째

4 다시 한번 써 보세요.

七			八		
일곱 칠			여덟 팔		

九 *부수 乙

총2획 乙 九

九	九				
아홉 구	아홉 구				

꼬리가 아홉 개 달린 ☐ 尾狐 이야기가 너무너무 무서웠어요.

(尾 : 꼬리 미 / 狐: 여우 호)

이번 학기에는 곱셈 ☐ ☐ 를 배웠어요.

十 *부수 十

총2획 一 十

十	十				
열 십	열 십				

☐ 字 모양으로 길이 갈라져 있어요. (字 : 글자 자)

운동장에 數 ☐ 명이 모여 있어요. (數 : 셈 수)

1 다음 글의 □ 안에 있는 한자의 음(읽는 소리)을 쓰세요.

❶ 철새들이 九 만리 창공을 날아갑니다.

❷ 아빠는 이제 사 十 살이 되었어요.

❸ 十 월이 되니 날씨가 제법 추워졌어요.

2 다음 밑줄 친 말에 해당하는 한자를 〈보기〉에서 찾아 그 번호를 쓰세요.

> 보기 　　① 十　　② 四　　③ 九　　④ 六

❶ 일의 자리 수 중에서 가장 큰 수는 9입니다.

❷ 오징어 다리는 열 개입니다.

3 다음 한자의 진하게 표시한 획은 몇 번째 쓰는지 〈보기〉에서 찾아 그 번호를 쓰세요.

九

> 보기 　　① 첫 번째　　② 두 번째　　③ 세 번째

4 다시 한번 써 보세요.

九		
아홉 구		

十		
열 십		

✏️ 다음 한자의 뜻을 찾아 연결하세요.

八　　六　　四　　日　　五　　七

일곱　　날　　넷　　여덟　　다섯　　여섯

✏️ 미로를 따라가 동물들의 이빨 수를 한자로 써 보세요.

✏️ 한자를 다시 한번 써 보세요.

一		
한 일		

二		
두 이		

三		
석 삼		

四		
넉 사		

五		
다섯 오		

六		
여섯 륙(육)		

七		
일곱 칠		

八		
여덟 팔		

九		
아홉 구		

十		
열 십		

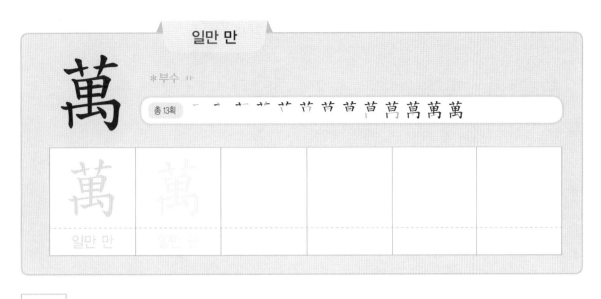

일만 만

萬

*부수 ++

총13획 一 十 十 芦 芦 芇 苖 苗 苒 莒 萬 萬 萬

萬	萬				
일만 만	일만 만				

□ **一**을 대비해 비상약을 챙겼습니다. (一 : 한 일)

열일곱 살에 □ **歲** 운동에 앞장선 유관순 (歲 : 해 세)

해 년(연)

年

*부수 干

총6획 ノ 广 二 二 上 年

年	年				
해 년(연)	해 년(연)				

형은 나보다 한 **學** □ 위에요. (學 : 배울 학)

처음 보는 **少** □ 이 나에게 다가오고 있어요. (少 : 적을 소)

공부한 날짜 ＿＿＿ 月 ＿＿＿ 日

21

1 다음 글의 □ 안에 있는 한자의 음(읽는 소리)을 쓰세요.

❶ 운동회 날이 가까워지자 운동장에 萬 국기가 걸렸습니다.

❷ 할머니께서 용돈으로 萬 원을 주셨습니다.

❸ 3월에는 새 학 年 이 시작되어요.

2 다음 밑줄 친 말에 해당하는 한자를 〈보기〉에서 찾아 그 번호를 쓰세요.

| 보기 | ① 十 | ② 四 | ③ 年 | ④ 萬 |

❶ 우리나라 인구는 오천만이 넘어요.

❷ 1월이면 새로운 해가 시작되어요.

3 다음 한자의 진하게 표시한 획은 몇 번째 쓰는지 〈보기〉에서 찾아 그 번호를 쓰세요.

年

| 보기 | ① 두 번째 | ② 세 번째 | ③ 다섯 번째 |

4 다시 한번 써 보세요.

| 萬 | | |

| 年 | | |

날 일

*부수 日

총 4획 ㅣ 冂 冂 日

日	日				
날 일	날 일				

生 ☐ 선물로 새 게임기를 받았어요. (生 : 날 생)

來 ☐ 부터 방학이에요. (來 : 올 래/내)

달 월

*부수 月

총 4획 ㅣ 几 月 月

月	月				
달 월	달 월				

二個 ☐ 동안의 긴 방학이 끝났어요. (二 : 두 이 / 個 : 낱 개)

우리는 每 ☐ 1일에 용돈을 받아요. (每 : 매양 매)

1 다음 글의 □ 안에 있는 한자의 음(읽는 소리)을 쓰세요.

① 선생님께서 방학 동안 日 기 쓰기를 연습해 보라 하셨어요. ☐

② 오늘은 하루 종 日 비가 내렸습니다. ☐

③ 우리 부모님은 月 급의 대부분을 저축하십니다. ☐

2 다음 밑줄 친 말에 해당하는 한자를 〈보기〉에서 찾아 그 번호를 쓰세요.

> 보기   ① 月   ② 年   ③ 日   ④ 白

① 해는 동쪽에서 떠서 서쪽으로 집니다.

② 우리는 보름달을 보고 소원을 빌었어요.

3 다음 한자의 진하게 표시한 획은 몇 번째 쓰는지 〈보기〉에서 찾아 그 번호를 쓰세요.

月

> 보기   ① 두 번째   ② 세 번째   ③ 네 번째

4 다시 한번 써 보세요.

日		

月		

불이 나자 [ ]災 경보기가 울렸습니다. (災 : 재앙 재)

우리집 가스레인지는 [ ]力이 세요. (力 : 힘 력)

편의점에서 生[ ]를 샀습니다. (生 : 날 생)

사촌언니는 [ ]中 발레 선수입니다. (中 : 가운데 중)

1 다음 글의 □ 안에 있는 한자의 음(읽는 소리)을 쓰세요.

❶ 오늘 학교에서 소 **火** 기 사용법을 배웠습니다.

❷ 여름이면 **水** 영장에 자주 갑니다.

❸ 올해는 홍 **水** 대비를 든든히 해야 한대요.

2 다음 밑줄 친 말에 해당하는 한자를 〈보기〉에서 찾아 그 번호를 쓰세요.

> 보기　　　① 月　　　② 木　　　③ 水　　　④ 火

❶ <u>불</u>자동차가 삐요삐요 지나갑니다.

❷ <u>물</u>이 얼면 얼음이 되어요.

3 다음 한자의 진하게 표시한 획은 몇 번째 쓰는지 〈보기〉에서 찾아 그 번호를 쓰세요.

水

> 보기　　① 두 번째　　② 세 번째　　③ 네 번째

4 다시 한번 써 보세요.

나무 목

木 *부수 木

총4획 一 十 才 木

木 木
나무 목 나무 목

手 아저씨가 작은 의자를 만들어 주셨어요. (手 : 손 수)

옆집 아저씨는 工 소에서 일하십니다. (工 : 장인 공)

쇠 금 / 성씨 김

金 *부수 金

총8획 ノ 人 人 스 수 수 슌 金

金 金
쇠 금 / 성씨 김 쇠 금 / 성씨 김

왕은 빛나는 色 왕관을 쓰고 있었어요. (色 : 빛 색)

黃 같은 연휴를 보내고 있어요. (黃 : 누를 황)

1 다음 글의 □ 안에 있는 한자의 음(읽는 소리)을 쓰세요.

1 이번 소풍은 수 木 원으로 간대요.

2 우승한 팀에게는 트롯피와 상 金 을 준대요.

3 우리나라에는 金 씨 성이 많아요.

2 다음 밑줄 친 말에 해당하는 한자를 〈보기〉에서 찾아 그 번호를 쓰세요.

> 보기   ① 水   ② 日   ③ 金   ④ 木

1 이번 산불로 많은 나무가 불탔어요.

2 세뱃돈을 저금하려고 은행에 갔습니다.

3 다음 한자의 진하게 표시한 획은 몇 번째 쓰는지 〈보기〉에서 찾아 그 번호를 쓰세요.

金

> 보기   ① 네 번째   ② 여섯 번째   ③ 여덟 번째

4 다시 한번 써 보세요.

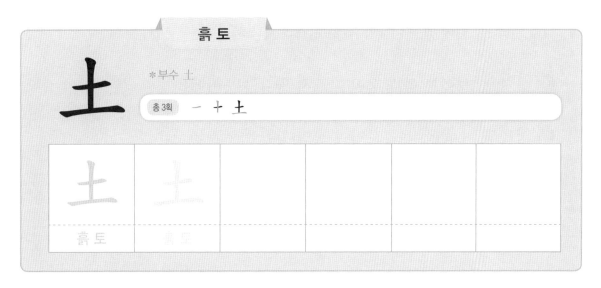

흙 토

土

*부수 土

총 3획　ー 十 土

土	土				
흙 토	흙 토				

우리나라는 國 ☐ 의 반 이상이 산입니다. (國 : 나라 국)

☐ 地가 좋아야 농사가 잘된대요. (地 : 땅 지)

메/산 산

山

*부수 山

총 3획　丨 丄 山

山	山				
메/산 산	메/산 산				

백두산은 지금도 활동하는 火 ☐ 입니다. (火 : 불 화)

십년이면 江 ☐ 도 변한다. (江 : 강 강)

1 다음 글의 ☐ 안에 있는 한자의 음(읽는 소리)을 쓰세요.

❶ 신 **土** 불이는 몸과 땅이 다르지 않다는 뜻이에요.

❷ 댐을 짓는 **土** 목공사가 한창입니다.

❸ 이번 장마로 곳곳에서 **山** 사태가 났어요.

2 다음 밑줄 친 말에 해당하는 한자를 〈보기〉에서 찾아 그 번호를 쓰세요.

> 보기   ① 山   ② 木   ③ 土   ④ 水

❶ 비가 많이 와서 땅이 젖어 있어요.

❷ 산꼭대기에 오르니 동네가 한눈에 보여요.

3 다음 한자의 진하게 표시한 획은 몇 번째 쓰는지 〈보기〉에서 찾아 그 번호를 쓰세요.

山

> 보기   ① 두 번째   ② 세 번째   ③ 네 번째

4 다시 한번 써 보세요.

✏️ 다음 색이 있는 단어에 해당하는 한자를 찾아 연결해 보세요.

밤하늘에 밝은 달을 보며 소원을 빌었어요. •	• 土
나무 아래에서 좀 쉬렴. •	• 月
대장간에서는 쇠를 두드리기 시작하였습니다. •	• 木
흙은 거짓말을 하지 않는다. •	• 日
바다에서 붉은 해가 떠오르기 시작했어요. •	• 金

✏️ 빈 칸에 한자의 알맞은 훈 또는 음을 써 보세요.

年 해 ☐   火 불 ☐

金 ☐ 금   月 ☐ 월

萬 일만 ☐

✎ 한자를 다시 한번 써 보세요.

萬		
일만 만		

年		
해 년(연)		

日		
날 일		

月		
달 월		

火		
불 화		

水		
물 수		

木		
나무 목		

金		
쇠 금/성씨 김		

土		
흙 토		

山		
메/뫼 산		

父

*부수 父

총4획 ノ ハ ケ 父

父	父				
아버지 부	아버지 부				

☐ 母님께 효도할 거예요. (母 : 어머니 모)

아빠와 나는 ☐ 女 사이가 좋아요. (女 : 여자 녀)

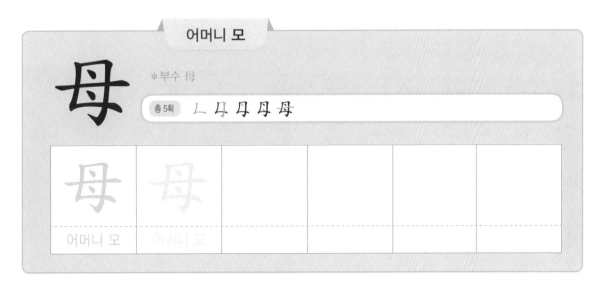

母

*부수 母

총5획 乚 九 九 母 母

母	母				
어머니 모	어머니 모				

내가 다닌 학교를 ☐ 校 라고 해요. (校 : 학교 교)

우리의 ☐ 國 은 대한민국입니다. (國 : 나라 국)

1 다음 글의 □ 안에 있는 한자의 음(읽는 소리)을 쓰세요.

❶ 할아버지를 조 **父** 라고 합니다.

❷ 이 **母** 네 식구들과 함께 여행을 갔습니다.

❸ 오늘은 학 **父 母** 참여수업이 있는 날이에요.

2 다음 밑줄 친 말에 해당하는 한자를 〈보기〉에서 찾아 그 번호를 쓰세요.

> 보기　　　① 女　　　② 父　　　③ 母　　　④ 人

❶ <u>부녀</u>는 <u>아버지</u>와 딸을 아울러 이르는 말입니다.

❷ 동생은 <u>엄마</u>를 꼭 닮았어요.

3 다음 한자의 진하게 표시한 획은 몇 번째 쓰는지 〈보기〉에서 찾아 그 번호를 쓰세요.

母

> 보기　　① 세 번째　　② 네 번째　　③ 다섯 번째

4 다시 한번 써 보세요.

父		
아버지 부		

母		
어머니 모		

兄 *부수 儿
총5획 丿 口 口 尸 兄

兄	兄				
형 형	형 형				

나는 三 ☐ 弟 중에 막내입니다. (三 : 석 삼 / 弟 : 아우 제)

옆집 민수 형과는 親 ☐ 弟 처럼 지내요. (親 : 친할 친 / 弟 : 아우 제)

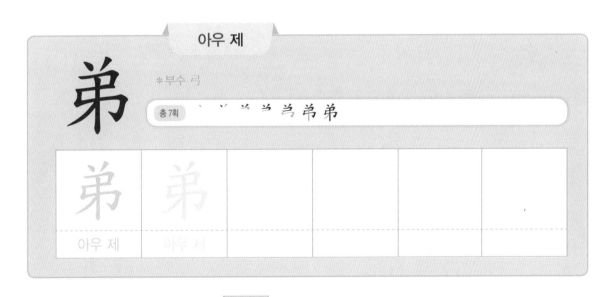

弟 *부수 弓
총7획 丶 丷 当 当 当 弟 弟

弟	弟				
아우 제	아우 제				

나는 선생님의 자랑스러운 ☐ 子 가 될 거예요. (子 : 아들 자)

오늘은 선생님과 학생이 함께하는 師 ☐ 음악회가 열립니다. (師 : 스승 사)

1 다음 글의 □ 안에 있는 한자의 음(읽는 소리)을 쓰세요.

❶ 전래동화 〈의좋은 **兄 弟** 〉를 읽고 눈물이 났어요.

❷ 내가 초등학생이 되면서 엄마는 학부 **兄** 이 되었어요.

❸ 나는 우리 선생님의 **弟** 자라는 게 자랑스러워요.

2 다음 밑줄 친 말에 해당하는 한자를 〈보기〉에서 찾아 그 번호를 쓰세요.

> 보기   ① 女   ② 弟   ③ 兄   ④ 父

❶ 아버지는 사남매 중 맏이로 태어났어요.

❷ 동생은 나보다 두 살이 어려요.

3 다음 한자의 진하게 표시한 획은 몇 번째 쓰는지 〈보기〉에서 찾아 그 번호를 쓰세요.

弟

> 보기   ① 세 번째   ② 다섯 번째   ③ 여섯 번째

4 다시 한번 써 보세요.

兄		
형 형		

弟		
아우 제		

女
*부수 女
총 3획 く 夊 女

女	女				
여자 녀(여)	여자 녀(여)				

우리 반은 [ ] 子 아이들이 남자 아이들보다 많아요. (子 : 아들 자)

신라 최초의 [ ] 王 이자 27대 왕은 선덕 [ ] 王 입니다. (王 : 임금 왕)

人
*부수 人
총 2획 丿 人

人	人				
사람 인	사람 인				

국군의 날 행사에서 軍 [ ] 아저씨들이 멋지게 행진을 해요. (軍 : 군사 군)

어른들을 만나면 웃으며 [ ] 事 해요. (事 : 일 사)

1 다음 글의 □ 안에 있는 한자의 음(읽는 소리)을 쓰세요.

① 성냥팔이 소 **女** 는 추운 거리를 헤매고 다녔어요

② 책 속 주 **人** 공이 되어 생각해 보아요.

③ 오랫만에 친구들과 **人** 형놀이를 했어요.

2 다음 밑줄 친 말에 해당하는 한자를 〈보기〉에서 찾아 그 번호를 쓰세요.

> 보기   ① 兄   ② 人   ③ 母   ④ 女

① 우리 집은 딸 부잣집이에요.

② 사람은 서로 도와가며 살아가는 거래요.

3 다음 한자의 진하게 표시한 획은 몇 번째 쓰는지 〈보기〉에서 찾아 그 번호를 쓰세요.

女

> 보기   ① 첫 번째   ② 두 번째   ③ 세 번째

4 다시 한번 써 보세요.

마디 촌

寸

*부수 寸

총 3획　一 十 寸

寸	寸				
마디 촌	마디 촌				

外三 [　] 은 엄마보다 세 살이 어립니다. (外 : 바깥 외 / 三 : 석 삼)

四 [　] 동생과 함께 물놀이를 갔어요. (四 : 넉 사)

긴 장

長

*부수 長

총 8획　丨 丨 厂 F F 토 長 長

長	長				
긴 장	긴 장				

매일 아침 校 [　] 선생님께서 우리를 반겨 주십니다. (校 : 학교 교)

달팽이의 成 [　] 과정을 관찰하여 기록해요. (成 : 이룰 성)

1 다음 글의 □ 안에 있는 한자의 음(읽는 소리)을 쓰세요.

❶ 寸 수를 따져보니 우리는 오 寸 지간이래요.

❷ 언니가 전교 학생회 長 선거에 출마했어요.

❸ 형은 단점보다 長 점이 많아요.

2 다음 밑줄 친 말에 해당하는 한자를 〈보기〉에서 찾아 그 번호를 쓰세요.

> 보기   ① 寸   ② 五   ③ 長   ④ 生

❶ 아빠와 엄마는 몇 마디 이야기를 하고 잠자리에 들었어요. _____

❷ 길고 짧은 것은 대어보아야 안다. _____

3 다음 한자의 진하게 표시한 획은 몇 번째 쓰는지 〈보기〉에서 찾아 그 번호를 쓰세요.

長

> 보기   ① 첫 번째   ② 두 번째   ③ 세 번째

4 다시 한번 써 보세요.

큰 대

大

*부수 大

총 3획 一 ナ 大

大	大				
큰 대	큰 대				

할머니는 ☐ 門 밖에서 우리를 기다리고 계셨어요. (門 : 문 문)

체육 ☐ 會에서 우리 반이 일 등을 했습니다. (會 : 모을 회)

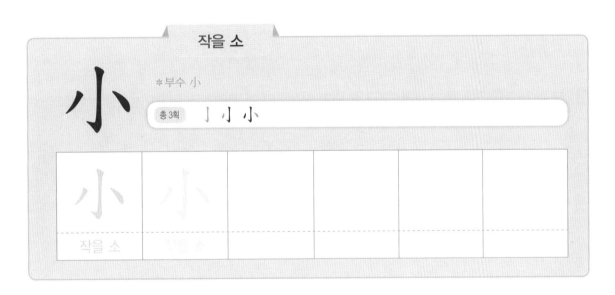

작을 소

小

*부수 小

총 3획 亅 小 小

小	小				
작을 소	작을 소				

동생은 ☐ 形 마스크를 써요. (形 : 형상 형)

나는 ☐ 心한 성격을 바꾸기로 결심했어요. (心 : 마음 심)

1 다음 글의 □ 안에 있는 한자의 음(읽는 소리)을 쓰세요.

❶ 우리 집 근처에 **大** 형 할인매장이 생겼어요.

❷ 우리반 **大** 부분이 서로를 알고 있었습니다.

❸ 걸리버는 **小** 인국과 **大** 인국을 여행해요.

2 다음 밑줄 친 말에 해당하는 한자를 〈보기〉에서 찾아 그 번호를 쓰세요.

> 보기　　①大　　②人　　③水　　④小

❶ 내 짝은 눈이 정말 큽니다.

❷ '작다'와 '적다'는 뜻이 달라요.

3 다음 한자의 진하게 표시한 획은 몇 번째 쓰는지 〈보기〉에서 찾아 그 번호를 쓰세요.

大

> 보기　　① 첫 번째　　② 두 번째　　③ 세 번째

4 다시 한번 써 보세요.

✏️ 보기의 한자 음을 읽고 순서대로 미로를 따라가세요.

보기

인
↓
대
↓
부
↓
형
↓
촌

✏️ 다음 색이 있는 단어에 해당하는 한자를 찾아 연결해 보세요.

어제는 작은엄마가 집에 오셨어요.	•	• 長
동생이 자전거를 타고 오고 있어요.	•	• 母
하교시간에는 학교 앞에 사람들이 몰려 있어요.	•	• 小
엄마의 심부름을 다녀왔습니다.	•	• 弟
형이 입던 코트가 나에게는 아직 길어요.	•	• 人

공부한 날짜 _____ 月 _____ 日

父
아버지 부

母
어머니 모

兄
형 형

弟
아우 제

女
여자 녀(여)

人
사람 인

寸
마디 촌

長
긴 장

大
큰 대

小
작을 소

東 *부수 木

총 8획 一 ｢ ｢ 㠯 冃 百 申 申 東

東	東				
동녘 동	동녘 동				

이번 여름에는 ☐ 海로 놀러갔어요. (海 : 바다 해)

우리나라 문화재 중 보물 1호는 ☐ 大門입니다. (大 : 큰 대 / 門 : 문 문)

西 *부수 襾

총 6획 一 ｢ ｢ 丙 兀 西 西

西	西				
서녘 서	서녘 서				

우리나라 음악이 ☐ 洋에서 인기가 많아졌어요. (洋 : 큰 바다 양)

우리나라 서쪽에 있는 바다를 황해, 또는 ☐ 海라고 합니다. (海 : 바다 해)

1 다음 글의 □ 안에 있는 한자의 음(읽는 소리)을 쓰세요.

❶ 봄이 오고 따뜻한 東 풍이 불어와요.

❷ 해는 西 쪽으로 집니다.

❸ 西 산에 해가 지면 東 산에 달이 떠올라요.

2 다음 밑줄 친 말에 해당하는 한자를 〈보기〉에서 찾아 그 번호를 쓰세요.

보기　　① 木　　② 四　　③ 西　　④ 東

❶ 우리나라 동쪽에 있는 바다는 동해입니다.

❷ 유럽과 아메리카의 여러 나라를 통틀어 서양이라고 해요.

3 다음 한자의 진하게 표시한 획은 몇 번째 쓰는지 〈보기〉에서 찾아 그 번호를 쓰세요.

東

보기　　① 네 번째　　② 여섯 번째　　③ 여덟 번째

4 다시 한번 써 보세요.

東		
동녘 동		

西		
서녘 서		

南 *부수 十

총 9획 一 十 十 冇 冇 南 南 南 南

南	南				
남녘 남	남녘 남				

☐ **大門**은 우리나라 문화재 중 국보 1호입니다. (大 : 큰 대 / 門 : 문 문)

江☐ 갔던 제비가 돌아왔어요. (江 : 강 강)

北 *부수 匕

총 5획 丨 丬 キ ㅓ 北

北	北				
북녘 북	북녘 북				

☐ **韓**의 수도는 평양입니다. (韓 : 한국 한)

한반도는 **南**☐ 으로 나뉘어 있어요. (南 : 남녘 남)

1 다음 글의 □ 안에 있는 한자의 음(읽는 소리)을 쓰세요.

❶ 서울 한가운데 **南** 산이 있습니다.

❷ 태풍의 **北** 상으로 내일부터 많은 비가 올 예정입니다.

❸ 북쪽 하늘에는 **北** 두칠성이 있어요.

2 다음 밑줄 친 말에 해당하는 한자를 〈보기〉에서 찾아 그 번호를 쓰세요.

보기   ① 東   ② 西   ③ 南   ④ 北

❶ 철새들이 따뜻한 곳을 찾아 <u>남쪽</u>으로 날아갑니다.

❷ 이번 주말에 아빠와 함께 <u>북</u>한산으로 등산을 갑니다.

3 다음 한자의 진하게 표시한 획은 몇 번째 쓰는지 〈보기〉에서 찾아 그 번호를 쓰세요.

南

보기   ① 세 번째   ② 다섯 번째   ③ 일곱 번째

4 다시 한번 써 보세요.

南		
남녘 남		

北		
북녘 북		

가운데 중

中 *부수 丨

총 4획　丨 冂 口 中

中	中				
가운데 중	가운데 중				

☐ 國의 수도는 베이징입니다. (國 : 나라 국)

과녁의 ☐ 心을 향해 화살을 쏩니다. (心 : 마음 심)

바깥 외

外 *부수 夕

총 5획　丿 夕 夕 夕 外

外	外				
바깥 외	바깥 외				

오늘은 우리 가족이 ☐ 食을 하는 날이에요. (食 : 밥 식)

海 ☐ 여행은 처음이에요. (海 : 바다 해)

1 다음 글의 □ 안에 있는 한자의 음(읽는 소리)을 쓰세요.

① 너무 시끄러워서 집 **中** 이 잘 되지 않습니다.

② 언니는 올해 **中** 학생이 됩니다.

③ 주말에 야 **外** 에서 캠핑을 했어요.

2 다음 밑줄 친 말에 해당하는 한자를 〈보기〉에서 찾아 그 번호를 쓰세요.

보기   ① 中   ② 小   ③ 大   ④ 外

① 우리반에서 내 키는 딱 <u>중</u>간이에요.

② <u>외</u>출해서 돌아오면 겉옷을 벗고 손을 씻어요.

3 다음 한자의 진하게 표시한 획은 몇 번째 쓰는지 〈보기〉에서 찾아 그 번호를 쓰세요.

外

보기   ① 두 번째   ② 세 번째   ③ 네 번째

4 다시 한번 써 보세요.

中		
가운데 중		

外		
바깥 외		

青

*부수 靑

총8획 一 一 キ キ 主 青 青 青

青	靑				
푸를 청	푸를 청				

중학생인 오빠는 ☐ 少年이에요. (少 : 적을 소 / 年 : 해 년)

마을 주변에는 아름다운 ☐ 山이 둘러져 있었습니다. (山 : 메/산 산)

白

*부수 白

총5획 ′ ′ 白 白 白

白	白				
흰 백	흰 백				

☐ 雪공주는 눈처럼 하얀 피부를 가졌어요. (雪 : 눈 설)

우리나라에서 가장 높은 산은 ☐ 頭山입니다. (頭 : 머리 두 / 山 : 메/산 산)

1 다음 글의 □ 안에 있는 한자의 음(읽는 소리)을 쓰세요.

❶ 다음주에 **靑** 와대로 체험학습을 갑니다.

❷ **白** 로가 떼를 지어 날아가요.

❸ 아무것도 없는 **白** 지를 보면 낙서를 하고 싶어요.

2 다음 밑줄 친 말에 해당하는 한자를 〈보기〉에서 찾아 그 번호를 쓰세요.

> 보기　　　① 白　　　② 靑　　　③ 山　　　④ 中

❶ 미세먼지 없는 푸른 하늘이 너무 예뻐요.

❷ 하얀 종이에 까만 밤하늘을 그렸습니다.

3 다음 한자의 진하게 표시한 획은 몇 번째 쓰는지 〈보기〉에서 찾아 그 번호를 쓰세요.

靑

> 보기　　① 두 번째　　② 세 번째　　③ 네 번째

4 다시 한번 써 보세요.

靑		

白		

先 *부수 儿

총6획 ノ ノ 屮 屮 先 先

先	先				
먼저 선	먼저 선				

스승의 날을 맞아 ☐ 生 님께 편지를 썼어요. (生 : 날 생)

이야기의 ☐ 後 관계를 생각해 보아요. (後 : 뒤 후)

生 *부수 生

총5획 ノ ノ 느 牛 生

生	生				
날 생	날 생				

친구에게 ☐ 日 선물을 받았어요. (日 : 날 일)

죽을 고비를 여러 번 넘겼다는 사자성어, 九死一 ☐

(九 : 아홉 구 / 死 : 죽을 사 / 一 : 한 일)

공부한 날짜 _____ 月 _____ 日

53

1 다음 글의 □ 안에 있는 한자의 음(읽는 소리)을 쓰세요.

❶ 수영을 하기 전에 우 **先** 준비운동을 해야 합니다.

❷ 나는 처음부터 **先** 두에서 달렸습니다.

❸ 젊어서 고 **生** 은 사서도 한다는 말이 있어요.

2 다음 밑줄 친 말에 해당하는 한자를 〈보기〉에서 찾아 그 번호를 쓰세요.

> 보기   ① 王   ② 兄   ③ 先   ④ 生

❶ 준비물은 미리 준비해 두어요.

❷ 우리집 개가 새끼를 낳았어요.

3 다음 한자의 진하게 표시한 획은 몇 번째 쓰는지 〈보기〉에서 찾아 그 번호를 쓰세요.

生

> 보기   ① 두 번째   ② 세 번째   ③ 네 번째

4 다시 한번 써 보세요.

先		

生		

✏️ 아기 물소가 엄마 물소를 찾아가요. 가는 길에 만나는 다음 한자는 몇 개일까요?

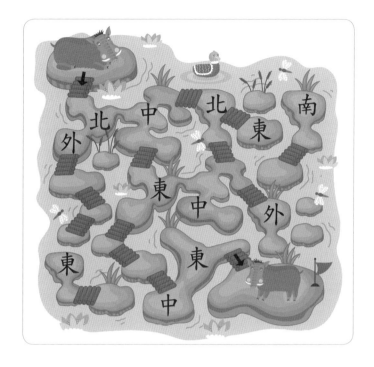

東 [ ] 개

中 [ ] 개

✏️ 다음 한자의 훈과 음을 바르게 연결하세요.

青 ·

外 ·

南 ·

白 ·

西 ·

· 바깥 외

· 서녘 서

· 푸를 청

· 남녘 남

· 흰 백

✏️ 한자를 다시 한번 써 보세요.

東		
동녘 동		

西		
서녘 서		

南		
남녘 남		

北		
북녘 북		

中		
가운데 중		

外		
바깥 외		

靑		
푸를 청		

白		
흰 백		

先		
먼저 선		

生		
날 생		

學 *부수 子

총16획 `丷 ⺍ ⺌ ⺍ 臼 臼 臼 矝 矝 矝 腳 腳 學 學 學 學`

學	學				
배울 학	배울 학				

나는 올해 초등 [　] 生 이 되어요. (生 : 날 생)

放 [　] 동안 외갓집에 놀러갔어요. (放 : 놓을 방)

校 *부수 木

총10획 `一 十 オ 才 木 术 柿 栌 栌 校`

校	校				
학교 교	학교 교				

친구와 [　] 門 에서 만나기로 했어요. (門 : 문 문)

누나가 [　] 內 그림대회에서 최우수상을 받았어요. (內 : 안 내)

1 다음 글의 □ 안에 있는 한자의 음(읽는 소리)을 쓰세요.

❶ 學 습은 매일 꾸준히 하는 게 중요해요. □

❷ 우리 학교 校 훈은 '바르고 착하게'입니다. □

❸ 방학이 되니 學 校 가 조용해졌어요. □ □

2 다음 밑줄 친 말에 해당하는 한자를 〈보기〉에서 찾아 그 번호를 쓰세요.

> 보기　　　 ① 校　　 ② 敎　　 ③ 先　　 ④ 學

❶ 매일 조금씩 한자 공부를 해요. ＿＿＿＿＿

❷ 학교 운동장에서 축구하는 게 제일 좋아요. ＿＿＿＿＿

3 다음 한자의 진하게 표시한 획은 몇 번째 쓰는지 〈보기〉에서 찾아 그 번호를 쓰세요.

學

> 보기　　 ① 일곱 번째　　 ② 여덟 번째　　 ③ 열한 번째

4 다시 한번 써 보세요.

學		
배울 학		

校		
학교 교		

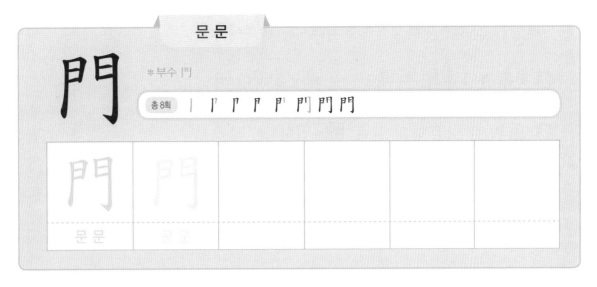

문 문

門 *부수 門

총 8획 丨 丨 冂 冂 冂 門 門 門

학교 **正**[ ] 앞에서 친구를 만나기로 했어요. (正 : 바를 정)

窓[ ]을 여니 시원한 바람이 들어옵니다. (窓 : 창 창)

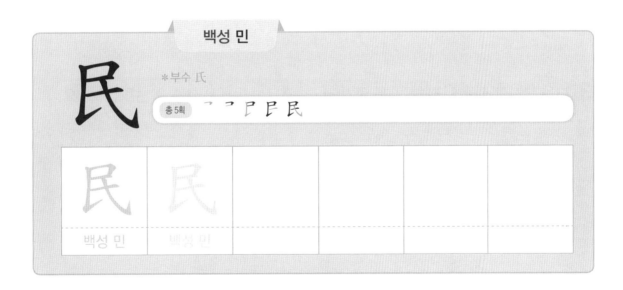

백성 민

民 *부수 氏

총 5획 ⁊ ⁊ 尸 尸 民

백성 민   백성 민

온 **國**[ ]이 국가대표 선수들을 응원했습니다. (國 : 나라 국)

윷놀이는 우리 [ ]**族**의 전통놀이 중 하나입니다. (族 : 겨레 족)

1 다음 글의 □ 안에 있는 한자의 음(읽는 소리)을 쓰세요.

① 자동 출입 **門** 은 열고 닫힐 때 조심해야 해요.

② 인디언은 미국 땅의 원주 **民** 입니다.

③ 윷놀이, 연날리기, 제기차기, 강강수월래는 우리나라
民 속놀이입니다.

2 다음 밑줄 친 말에 해당하는 한자를 〈보기〉에서 찾아 그 번호를 쓰세요.

보기 　　① 門　　② 敎　　③ 民　　④ 學

① 다친 친구를 위해 교실 문을 열어 주었어요.
② 임금님은 백성들에게 곡식을 나누어 주었어요.

3 다음 한자의 진하게 표시한 획은 몇 번째 쓰는지 〈보기〉에서 찾아 그 번호를 쓰세요.

民

보기　　① 두 번째　　② 세 번째　　③ 네 번째

4 다시 한번 써 보세요.

門		
문 문		

民		
백성 민		

教 *부수 攵

총11획 　ノ　乂　乄　孝　孝　孝　孝　孝　教　教

教	教				
가르칠 교	가르칠 교				

독서는 즐거움과 ☐ 訓을 줍니다. (訓 : 가르칠 훈)

수업종이 울리자 아이들은 ☐ 室로 들어갔어요. (室 : 집 실)

室 *부수 宀

총9획 　丶　丶　宀　宀　宀　宏　宏　室　室

室	室				
집 실	집 실				

病 ☐ 에 누워 있는 할아버지가 낯설었어요. (病 : 병 병)

☐ 內 수영장에서는 꼭 수영모를 써야 해요. (內 : 안 내)

1 다음 글의 □ 안에 있는 한자의 음(읽는 소리)을 쓰세요.

❶ 미리 **敎** 과서를 준비해 두세요.

❷ 우리집 거 **室** 에는 화분이 많습니다.

❸ 온 **室** 에는 계절을 잊은 듯 꽃들이 만발합니다.

2 다음 밑줄 친 말에 해당하는 한자를 〈보기〉에서 찾아 그 번호를 쓰세요.

> 보기　　　① 校　　　② 敎　　　③ 學　　　④ 室

❶ 선생님은 우리가 모르는 것을 <u>가르쳐</u> 주세요.

❷ 다친 강아지를 우리<u>집</u>으로 데려왔어요.

3 다음 한자의 진하게 표시한 획은 몇 번째 쓰는지 〈보기〉에서 찾아 그 번호를 쓰세요.

敎

> 보기　① 다섯 번째　　② 여섯 번째　　③ 일곱 번째

4 다시 한번 써 보세요.

敎			室		
가르칠 교			집 실		

한국/나라 한

韓 *부수 韋

총17획 一 十 十 古 古 古 直 卓 卓 韩 韩 韓 韓 韓 韓 韓 韓

한국/나라 한 | 한국/나라 한

나는 大 ☐ 民國 사람이에요. (大 : 큰 대 / 民 : 백성 민 / 國 : 나라 국)

나는 양식보다 ☐ 食이 좋아요. (食 : 밥 식)

나라 국

國 *부수 口

총11획 丨 冂 冂 冂 冃 同 同 國 國 國 國

나라 국 | 나라 국

우리나라 ☐ 家 대표 선수들이 입장했습니다. (家 : 집 가)

三 ☐ 시대에는 고구려와 백제, 신라가 패권을 다투었어요. (三 : 석 삼)

1 다음 글의 □ 안에 있는 한자의 음(읽는 소리)을 쓰세요.

❶ 韓 의원에 가서 침을 맞았어요.

❷ 설날에는 韓 복을 입어요.

❸ 國 어는 내가 제일 좋아하는 과목이에요.

2 다음 밑줄 친 말에 해당하는 한자를 〈보기〉에서 찾아 그 번호를 쓰세요.

보기	① 大	② 韓	③ 民	④ 國

❶ 대한민국의 수도는 서울입니다.

❷ 나라를 지키기 위해 힘쓰는 군인

3 다음 한자의 진하게 표시한 획은 몇 번째 쓰는지 〈보기〉에서 찾아 그 번호를 쓰세요.

國

보기	① 여덟 번째	② 아홉 번째	③ 열 번째

4 다시 한번 써 보세요.

韓
한국/나라 한

國
나라 국

군사 군

軍 *부수 車

총9획 ` ` ` ` ` ` ` 軍 軍 軍 軍 軍 軍

軍 軍

군사 군　군사 군

人 아저씨들이 멋져 보여요. (人 : 사람 인)

아빠는 바다를 지키는 멋진 海 입니다. (海 : 바다 해)

임금 왕

王 *부수 王

총4획 ` 一 丁 干 王

王 王

임금 왕　임금 왕

女 개미는 일개미보다 큽니다. (女 : 여자 여)

엄마는 나를 子님이라고 불러요. (子 : 아들 자)

1 다음 글의 □ 안에 있는 한자의 음(읽는 소리)을 쓰세요.

❶ 나는 이순신 장 **軍** 을 존경합니다.

❷ 자라는 용 **王** 님의 심부름으로 육지에 나왔어요.

❸ 한글날은 세종대 **王** 이 훈민정음을 세상에 펴신 날입니다.

2 다음 밑줄 친 말에 해당하는 한자를 〈보기〉에서 찾아 그 번호를 쓰세요.

보기   ① 軍   ② 靑   ③ 五   ④ 王

❶ 삼촌은 하늘을 지키는 공군입니다.

❷ 경복궁은 임금님이 계신 궁궐이었어요.

3 다음 한자의 진하게 표시한 획은 몇 번째 쓰는지 〈보기〉에서 찾아 그 번호를 쓰세요.

軍

보기   ① 일곱 번째   ② 여덟 번째   ③ 아홉 번째

4 다시 한번 써 보세요.

✏️ 다음 한자의 훈과 음을 쓰세요.

國　훈 ⬚　음 ⬚　　室　훈 ⬚　음 ⬚　　校　훈 ⬚　음 ⬚

教　훈 ⬚　음 ⬚　　門　훈 ⬚　음 ⬚　　軍　훈 ⬚　음 ⬚

✏️ 다음 그림에서 보기의 숨어 있는 한자를 찾아보세요.

보기

教
民
韓
王
門

學		
배울 학		

校		
학교 교		

門		
문 문		

民		
백성 민		

敎		
가르칠 교		

室		
집 실		

韓		
한국/나라 한		

國		
나라 국		

軍		
군사 군		

王		
임금 왕		

✎ 다음 반대의 뜻을 가진 한자들을 읽고 따라 써 보세요.

南			北		
남녘 남			북녘 북		
大			小		
큰 대			작을 소		
東			西		
동녘 동			서녘 서		
母			父		
어머니 모			아버지 부		
民			王		
백성 민			임금 왕		
水			火		
물 수			불 화		
日			月		
날 일			달 월		
弟			兄		
아우 제			형 형		
學			教		
배울 학			가르칠 교		

✏️ 다음 사자성어를 읽고 따라 써 보세요.

東	西	南	北	모든 방향을 이르는 말			
동녘 동	서녘 서	남녘 남	북녘 북				
東	西	南	北	東	西	南	北

大	韓	民	國	우리나라의 이름			
큰 대	한국/나라 한	백성 민	나라 국				
大	韓	民	國	大	韓	民	國

父	母	兄	弟	아버지, 어머니, 형, 아우라는 뜻으로, 가족을 이르는 말			
아버지 부	어머니 모	형 형	아우 제				
父	母	兄	弟	父	母	兄	弟

三	三	五	五	서넛 또는 대여섯 사람이 떼를 지어 다니거나 무슨 일을 함			
석 삼	석 삼	다섯 오	다섯 오				
三	三	五	五	三	三	五	五

生	年	月	日	태어난 해와 달과 날		
날 생	해 년	달 월	날 일			

十	中	八	九	열에 여덟이나 아홉. 거의 대부분을 뜻함		
열 십	가운데 중	여덟 팔	아홉 구			

國	民	年	金	노령·장애·사망 따위로 소득 획득 능력이 없어졌을 때 국가가 생활 보장을 위하여 정기적으로 지급하는 금액		
나라 국	백성 민	해 년(연)	쇠 금			

P 10

1 ❶ 일 ❷ 일 ❸ 이

2 ❶ ④ ❷ ① ④

3 ②

P 12

1 ❶ 삼 ❷ 사 ❸ 사

2 ❶ ③ ❷ ②

3 ③

P 14

1 ❶ 오 ❷ 육 ❸ 오

2 ❶ ③ ❷ ①

3 ②

P 16

1 ❶ 칠 ❷ 팔 ❸ 칠, 팔

2 ❶ ① ❷ ④

3 ②

P 18

1 ❶ 구 ❷ 십 ❸ 시

2 ❶ ③ ❷ ①

3 ①

P 19

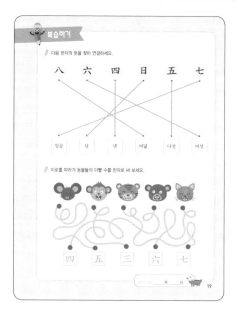

P 22

1 ❶ 만 ❷ 만 ❸ 년

2 ❶ ④ ❷ ③

3 ③

P 24

1 ❶ 일 ❷ 일 ❸ 월

2 ❶ ③ ❷ ①

3 ②

P 26

1 ❶화 ❷수 ❸수

2 ❶④ ❷③

3 ②

P 28

1 ❶목 ❷금 ❸김

2 ❶④ ❷③

3 ②

P 30

1 ❶토 ❷토 ❸산

2 ❶③ ❷①

3 ②

P 31

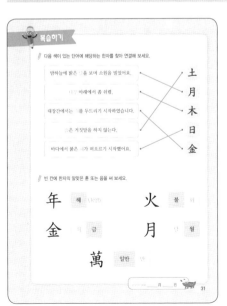

P 34

1 ❶부 ❷모 ❸부, 모

2 ❶② ❷③

3 ③

P 36

1 ❶형, 제 ❷형 ❸제

2 ❶③ ❷②

3 ②

P 38

1 ❶녀 ❷인 ❸인

2 ❶④ ❷②

3 ②

P 40

1 ❶촌, 촌 ❷장 ❸장

2 ❶① ❷③

3 ①

P 42

1 ❶대 ❷대 ❸소, 대

2 ❶① ❷④

3 ①

P 43

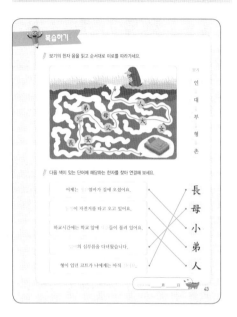

P 46

1 ❶ 동 ❷ 서 ❸ 서, 동

2 ❶ ④ ❷ ③

3 ②

P 48

1 ❶ 남 ❷ 북 ❸ 북

2 ❶ ③ ❷ ④

3 ③

P 50

1 ❶ 중 ❷ 중 ❸ 외

2 ❶ ① ❷ ④

3 ②

P 52

1 ❶ 청 ❷ 백 ❸ 백

2 ❶ ② ❷ ①

3 ②

P 54

1 ❶ 선 ❷ 선 ❸ 생

2 ❶ ③ ❷ ④

3 ③

P 55

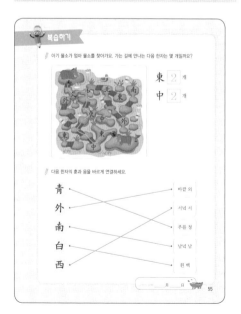

P 58

1 ❶ 학 ❷ 교 ❸ 학, 교

2 ❶ ④ ❷ ①

3 ①

P 60

1 ❶ 문 ❷ 민 ❸ 민

2 ❶ ① ❷ ③

3 ①

P 62

1 ❶ 교 ❷ 실 ❸ 실

2 ❶ ② ❷ ④

3 ②

P 64

1 ❶ 한 ❷ 한 ❸ 국

2 ❶ ② ❷ ④

3 ②

P 66

1 ❶ 군 ❷ 왕 ❸ 왕

2 ❶ ① ❷ ④

3 ③

P 67

家	間	江	車	空	工	記	氣	男	內
집 가	사이 간	강 강	수레 거/차	빌 공	장인 공	기록할 기	기운 기	사내 남	안 내
農	答	道	動	力	立	每	名	物	方
농사 농	대답 답	길 도	움직일 동	힘 력(역)	설 립(입)	매양 매	이름 명	물건 물	모 방
不	事	上	姓	世	手	時	市	食	安
아닐 불(부)	일 사	윗 상	성 성	인간 세	손 수	때 시	저자 시	밥/먹을 식	편안 안
午	右	自	子	場	電	前	全	正	足
낮 오	오른 우	스스로 자	아들 자	마당 장	번개 전	앞 전	온전 전	바를 정	발 족
左	直	平	下	漢	海	話	活	孝	後
왼 좌	곧을 직	평평할 평	아래 하	한수/한나라 한	바다 해	말씀 화	살 활	효도 효	뒤 후